LE PÉRIL ANGLAIS

CONSÉQUENCES
DE
L'OCCUPATION DE L'ÉGYPTE
par l'Angleterre

par

MOUSTAFA KAMEL

DEUXIÈME ÉDITION

PARIS
Tous droits réservés
—
1899

AUXERRE. — IMPRIMERIE ALBERT LANIER, 43, RUE DE PARIS

LE PÉRIL ANGLAIS

"L'EUROPE ET L'ISLAM"

par

MOUSTAFA KAMEL

va paraître prochainement

LE PÉRIL ANGLAIS

CONSÉQUENCES
DE
L'OCCUPATION DE L'ÉGYPTE
par l'Angleterre

par

MOUSTAFA KÀMEL

DEUXIÈME ÉDITION

PARIS
Tous droits réservés
—
1899

PRÉFACE

DE LA DEUXIÈME ÉDITION

Les derniers événements du Soudan ont aggravé et compliqué plus que jamais la question d'Egypte. L'armée égyptienne a dépensé son énergie, son activité et son sang pour rendre le Soudan à la mère patrie et après ses éclatantes victoires le drapeau anglais a été hissé sur Oumdourman. Jamais une armée et une nation n'ont été aussi profondément blessées. L'Angleterre en nous infligeant cette terrible blessure n'a-t-elle pas en réalité blessé l'Empire Ottoman et l'Europe entière ? Cette spoliation des droits les plus sacrés de l'Egypte et de la Turquie n'est-elle pas un affront à l'Europe et à la civilisation ? Les intérêts de l'Europe en Afrique et en Asie ne sont-ils pas gravement lésés par la continuation de l'occupation de la Vallée du Nil par les Anglais ?

L'Egypte n'est-elle pas la clef du continent africain et asiatique ?

Au moment où les puissances européennes prennent définitivement pied sur la Chine et où l'Extrême-Orient tout entier s'ouvre au marché de l'Europe, la position de l'Egypte ne peut que prendre une importance internationale exceptionnelle et la solution de sa question ne peut que devenir plus urgente que jamais.

C'est, poussé par un sentiment de profond patriotisme et d'amour pour la paix du monde, que je publie cette brochure. Elle a déjà paru en 1895 et est maintenant complètement épuisée.

Puissent mes idées convaincre les diplomates encore indifférents au sort de l'Egypte ! Je l'espère et le souhaite de tout mon cœur.

M. K.

Paris, le 30 Avril 1899.

PRÉFACE

DE LA PREMIÈRE ÉDITION

En écrivant cette brochure, mon but n'est pas d'appeler l'attention sur les infortunes de ma patrie ; je m'acquitte et m'acquitterai toujours de cette noble tâche avec le dévouement le plus absolu et l'ardeur d'un patriote convaincu.

Pour le présent, je m'adresse à ces politiciens que les raisons d'un ordre sentimental ne sauraient intéresser ; j'ai voulu leur démontrer, d'une façon sommaire, les considérations matérielles qui doivent les attacher à la délivrance de l'Egypte ; car en laissant briser ce pays par la domination anglaise, ce n'est pas seulement une violation de tous les droits, un attentat à la dignité des nations que l'on commet, sur un peuple ami de la civilisation et digne de tout intérêt, c'est surtout une guerre sans fin que l'on allume dans le monde entier.

En demandant l'évacuation de la Vallée du Nil, en dirigeant tous nos efforts vers cette œuvre de délivrance, nous ne recherchons que le bien-être de notre pays et son libre développement ; nous n'avons en vue que la paix de l'Europe et la stricte observation des garanties des puissances occidentales, établies par les traités internationaux.

Notre devise sera toujours : *Libres chez nous, Hospitaliers pour tous !*

MOUSTAFA KAMEL.

Paris, le 14 Août 1895.

I

Beaucoup de gens, pensant que si l'Egypte était vendue aux enchères publiques, elle ne produirait pas une somme atteignant la moitié de sa dette, s'étonnent de l'intérêt immense qu'on lui porte. Ces personnes là, se méprenant sur le véritable caractère de la question, s'imaginent naïvement qu'elle repose sur le fait unique des produits du sol égyptien ; elles ignorent que c'est surtout et avant tout la position géographique de notre vallée qui engendre les préoccupations du monde entier.

En effet, la puissance qui réussirait à s'emparer et à devenir maîtresse absolue de la Vallée du Nil, deviendrait du même coup la véritable souveraine de l'Afrique, cette terre encore vierge et si ardemment convoitée de toutes les nations commerçantes, qui font converger actuellement vers elle toutes leurs ambitions ; elle acquerrait, en outre, par une conséquence rigoureusement logique, le pouvoir de commander à la Syrie et d'imposer ses volontés à Jérusalem. Or, Jérusalem, en raison des souvenirs qui s'y rattachent, a toujours été et sera toujours un lieu cher à tous les peuples, un lieu pour lequel des guerres terribles ont ensanglanté pendant des siècles les continents et les mers, et amené de profondes perturbations dans l'existence des nations mêlées à ces conflits.

Cette même puissance, par la possession des ports de Suez, de Kosséir et de Souakin, deviendrait également maîtresse incontestée de la mer Rouge ; elle constituerait ainsi une menace permanente pour Djedda, port très important, et des environs duquel les canons nouveau système pourraient facilement imposer la soumission la plus passive aux paisibles visiteurs de la Sainte Kaaba, dont l'éloignement du littoral est peu de chose pour des boulets qui traversent l'espace en ligne droite.

Il ne faut pas oublier non plus que le canal de Suez fait partie intégrante de l'Egypte et que ce canal conduit aux Indes, en Chine et en Australie. Si l'on réfléchit à cela, on comprendra facilement les raisons pour lesquelles les puissances ne peuvent abandonner la question d'Egypte, car c'est pour elles une question d'un intérêt capital. Le voisinage de la Mecque et de Jérusalem, de même que le canal de Suez, ont donc fait de l'Egypte le centre du monde, malgré la sphéricité de la terre.

Mais c'est surtout le Soudan qui a attiré les Anglais ; en effet, une des principales raisons qui ont poussé l'Angleterre à se jeter sur notre pays, réside dans l'espoir qu'elle nourrit d'accaparer pour son compte exclusif le commerce de la vallée du Nil.

Le Nil étant une voie de communication incomparable pour atteindre les plus belles contrées de l'Afrique, ne doit jamais appartenir à une puissance européenne ; car les conséquences de la main-mise définitive de l'Angleterre sur le Soudan sont désastreuses pour le commerce des Européens, en général, dans l'Afrique centrale, cette contrée si riche, si populeuse et encore inexploitée, que les nations regardent d'un œil de convoitise. L'Europe, en laissant l'Angleterre agir au Soudan à sa guise, travaille contre ses intérêts les plus évidents.

En effet, la France, l'Allemagne, la Belgique et le Portugal, en occupant le littoral africain, ne peuvent pas accaparer le commerce entier de l'intérieur du continent noir. Les possessions de chacune de ces puissances sont coupées à l'intérieur par des déserts, des montagnes ou des accidents de terrain qu'il est difficile de surmonter. L'Angleterre, au contraire, par la possession de la vallée du Nil, se trouverait puissamment assise d'Alexandrie jusqu'au cap de Bonne-Espérance. En cette occurrence, toutes les richesses de l'intérieur de l'Afrique seraient accaparées par le commerce anglais, sous les regards attristés de l'Europe entière, qui n'aurait ainsi combattu et affaibli les différentes populations du continent noir que pour permettre à l'habile Albion d'en profiter seule et sans rencontrer le moindre obstacle. Ah ! la gloire de Cecil Rhodes ferait alors pâlir l'auréole des Warren Hastings !

Il n'est pas permis de croire que l'Europe pardonnerait à ses hommes d'Etat, dont l'indifférence ou la mauvaise foi auraient entraîné un pareil cataclysme économique. Si les Anglais de l'Ouganda venaient à pouvoir effectuer leurs exportations par cette admirable voie commerciale qui s'appelle le Nil, la France, malgré ses efforts et ses fatigues, serait obligée de dépenser encore des millions et des millions pour atteindre la réalité de son rêve doré du chemin de fer transsaharien. Lorsque les Anglais de Manchester et de Birmingham auront les voies libres et neutres du Niger et du Congo, pour importer leurs marchandises chez les noirs de l'Afrique occidentale; lorsque les Anglais de l'Inde auront la voie de Zanzibar et que ceux d'Australie auront celle du Zambèze pour gagner le Tanganika, les Turcs, les Allemands, les Français, les Russes, les Autrichiens et les Italiens, venant du Bosphore, de Salonique, de Trieste, de Brindisi ou de Marseille, se verront fermer par les douaniers anglais de Damiette et d'Alexandrie la seule voie qui leur convienne, celle du Nil.

D'autre part, la possession de la Méditerranée a toujours été considérée comme une question de la plus grande importance, ce qui fait que toutes les nations cherchent à y posséder au moins un port... Déjà l'Espagne était blessée par la présence des Anglais à Gibraltar, et la France voyait avec peine Malte sous la domination britannique.

Mais Chypre, et surtout l'Égypte, sont appelées à augmenter dans la Méditerranée l'influence anglaise, au point de la rendre insupportable à la Turquie et à la Russie. La Turquie craindra toujours pour la Tripolitaine, qui la met en communication avec l'Islam soudanais, tant que les Anglais auront une grande influence dans la Méditerranée orientale.

La Russie veut avoir l'assentiment de la Sublime Porte pour l'ouverture des Dardanelles afin d'être à l'aise dans la Méditerranée et de pouvoir atteindre facilement les pays de l'Extrême-Orient ; la surveillance anglaise ne peut donc que la gêner. Quant à la France, ses intérêts sur les rivages algériens, aussi bien que les sentiments qui l'attachent à la Palestine, sont trop considérables pour qu'elle puisse souffrir la moindre augmentation d'une puissance rivale, dans une mer qui n'est déjà que trop anglaise.

II

Si nous portons maintenant nos regards du côté de l'Asie, nous voyons l'Égypte établie sur les deux voies les plus importantes du monde entier : la voie de mer qui va d'Europe dans l'Extrême-Orient et la voie de terre qui, lorsque Ismaïlia et Jaffa seront reliées par un chemin de fer, mettra en communication Khartoum avec Constantinople et avec le golfe persique. L'Anglais, posté sur ces deux routes, influera alors à son profit sur les relations commerciales, politiques et normales de toutes les nations.

Quel est donc le gouvernement européen qui oserait, dans de telles conditions, négliger de mettre fin à l'occupation de l'Égypte par la Grande-Bretagne ? Quel est le gouvernement qui voudrait assumer les énormes responsabilités d'une négligence dont il lui faudrait, à un certain moment, rendre un compte terrible ? Car, la prise de possession du canal de Suez, en plein cœur de la grande route maritime internationale, dans un pays plein de ressources de tout genre, mettrait en danger immédiat les possessions de la France, de l'Allemagne et de la Hollande ; et il suffirait alors que ces pays se montrassent hostiles à l'Angleterre à l'occasion d'une conflagration quelconque, pour que tous les millions dépensés, tous les sacrifices consentis par eux, en vue de l'extension de leur empire colonial, l'aient été en pure perte, et pour que leurs colonies elles-mêmes, comme autrefois le Canada et les Indes, deviennent la proie de l'Angleterre, toujours si heureuse et si habile ! Quels sont les hommes d'État européens qui regarderaient froidement une telle catastrophe, et qui accepteraient les conséquences ?

Quant aux musulmans de nos jours, une question de la plus haute importance se rattache, pour eux, à la liberté du canal de Suez. Sa perte signifierait le changement de la mer Rouge en lac anglais. Avec des troupes britanniques à Périm, à Souakin, à El Kosséir et à Suez, les Anglais pourraient fermer la route du pèlerinage, en cas de besoin, comme on le fait maintenant pour les Soudanais. On ne peut se défendre d'une profonde tristesse à la pensée de cette mer naguère ottomane, de ce lac intérieur qui est le rendez-vous des

Bosniaques, des Russes, des Circassiens, des Marocains, des Algériens, des Tunisiens, des Chinois, des Indous, des Javanais, des Zanzibariens, des Arabes, des Egyptiens et des autres nations musulmanes, sortant de la main du Khalife pour servir de champ d'évolution aux navires de S. M. Britannique. Ce serait le vasselage de l'Islam tout entier à la puissance anglaise !

A ces considérations, il convient d'ajouter celle du danger que courraient Djedda et la Mecque, qui se trouveraient à la merci d'un coup de main, dès que les Anglais seraient trop fortement établis dans la mer Rouge. La prise de Djedda, venant après celle d'Aden et de Périm, mettrait toute l'Arabie méridionale, et particulièrement le Yémen, dans la situation des pays au sud de Souakin, après son occupation par les Anglais ; et tout le monde comprend ce qu'il adviendrait de l'Empire ottoman le jour où Djedda ne serait plus dépendante de Constantinople. Cet événement qui semblait impossible, tant que la mer Rouge était considérée comme un lac ottoman, deviendrait une réalité à la moindre querelle entre les Turcs et les Anglais. Ce jour-là la Kaaba qui depuis Abraham, le père béni des prophètes, a été à l'abri de tout danger, aurait cessé d'être en sûreté !

Il est évident que si l'Angleterre restait l'amie de l'Empire ottoman ; si elle était une des puissances les plus désireuses de défendre l'intégrité de ses territoires, un pareil événement ne serait pas à redouter. Mais les sentiments de l'Angleterre envers la Turquie sont maintenant trop connus. Son manque de respect pour sa parole donnée et pour ses engagements à évacuer l'Egypte, ses procédés indignes dans la question arménienne et les menaces adressées à S. M. I. le Sultan par les hommes d'Etat britanniques montrent clairement que l'Angleterre est actuellement l'ennemie la plus acharnée de l'Empire ottoman. Rien n'empêcherait donc les Anglais, devenus maîtres de l'Egypte, de fortifier les ports de la mer Rouge, de les armer, d'y faire stationner les navires et, à la moindre occasion, une flottille pourrait quitter Souakin, El Kosséir ou tout autre port de la côte égyptienne, et arriver en quelques heures devant Djedda. Il suffirait pour cela d'un cas fortuit quelconque : du massacre à la Mecque de quelques paisibles pèlerins de l'Inde, de l'assassinat d'un seul Maltais à Djedda, ou même de troubles fomentés dans la basse populace par le premier intrigant venu. Ce serait suffisant pour que l'Angleterre, en bonne voisine, se crût obligée d'intervenir pour mettre l'ordre dans le Hedjaz !

On voit donc qu'il est impossible à la Turquie de rester indifférente devant la prise de possession de l'Egypte par l'Angleterre, cet acte étant pour elle la plus terrible des calamités. Si la perte de Jérusalem a soulevé autrefois le monde musulman, que serait-ce de la perte de la Mecque ? On peut être certain que tant qu'il existera un seul musulman sur la terre, un pareil événement sera douloureusement ressenti ; à plus forte raison lorsqu'il y a, comme de nos jours, trois cents millions de musulmans, avec lesquels on est obligé de compter !

III

Le premier résultat du prochain raccordement des voies ferrées égyptiennes avec le chemin de fer de Syrie, serait de mettre la Palestine sous la domination des Anglais, dès que ceux-ci seraient les maîtres de l'Egypte. Tout le monde sait, depuis les temps des Pharaons et des Khalifes arabes, que celui qui tient l'Egypte en ses mains est fatalement appelé, pour des raisons politiques et militaires qu'il est inutile de développer ici, à s'emparer tôt ou tard de la Syrie. C'est toujours cette inéluctable alternative : ou le maître de la Syrie est en même temps le souverain de l'Egypte comme c'est le cas actuellement, ou le maître de l'Egypte, s'il se sent fort, s'empare de la Syrie. L'expédition de Bonaparte et celle de Mohammed Ali, lors de ses démêlés avec la Porte, sont les preuves les plus récentes de cette vérité historique. L'Angleterre, dont l'insatiable appétit est proverbial ne peut pas se montrer moins avide de conquêtes que ne le fut Bonaparte en cette occasion, et il se produira alors ce fait, capital entre tous, de Jérusalem tombée au pouvoir du protestantisme !

Il faudrait voir alors comment un pareil événement, que l'imagination se refuse à concevoir, serait accueilli par les catholiques et par les orthodoxes du monde entier. Il ne faut pas oublier qu'une des principales causes de la guerre de Crimée, déclarée entre deux nations faites pour s'entendre, comme la France et la Russie, a été le sourd antagonisme qui divisait alors les orthodoxes et les catholiques de la Palestine.

Qu'adviendra-t-il donc lorsque la protestante Angleterre plantera son drapeau victorieux sur le Saint-Sépulcre ? Et, en admettant contre toute vraisemblance que le Pape et le Tsar acceptent le fait accompli, que diront les musulmans qui, bien que désunis, ont su défendre lors des croisades le Haram-el-Chérif contre l'effort de toute la Chrétienté coalisée ?

La prise de Jérusalem aurait une autre conséquence beaucoup plus formidable encore : elle enlèverait au siège du Khalifat de Constantinople ses possessions du Hedjaz et réduirait l'admirable empire ottoman à l'état d'une principauté, dont l'importance n'excéderait guère celle de la Bulgarie actuelle.

La gravité de ce point de vue se présente d'elle-même à l'esprit, car toutes les richesses entassées de l'Extrême-Orient, tous les trésors de l'Afrique vierge, ne sont rien à côté du voisinage de Jérusalem.

Cette route de terre entre Ismaïlia et Jaffa, qui reliera par un chemin de fer Khartoum à Constantinople et tout le nord de l'Afrique au Golfe Persique et à l'Asie centrale, sera par elle-même et commercialement parlant, d'une incontestable utilité pour l'Angleterre ; elle ne manquera pas, par conséquent, d'exciter ses convoitises. Mais on comprend surtout que les relations indispensables et continues entre l'Egypte et la Syrie, l'existence dans ces parages des Druses et des Arméniens qui sont les protégés de l'Angleterre, la tentation irrésistible de défendre la route ferrée qui, dans un temps peu éloigné, reliera Constantinople,

Ostende et Londres au Golfe Persique et à Bombay, pousseront fatalement les Anglais du côté de la Palestine. On sait aussi que les nombreuses affinités existant entre les Syriens, les Egyptiens et les Hedjaziens, les portent à s'unir sous le même gouvernement, dès qu'ils sont divisés.

Or, Jérusalem ne peut être possédée que par une puissance musulmane; les Croisades en sont une preuve irréfutable entre mille. Car seule une autorité musulmane est en état de tenir la balance entre toutes les sectes et toutes les religions, qui se disputent la patrie des prophètes d'Israël et le temple de Salomon. La perte de Jérusalem pour la Turquie serait un malheur irréparable pour la cause de la civilisation et deviendrait le signal de guerres formidables entre toutes les croyances, aucune nation n'ayant qualité pour commander aux Lieux Saints.

*
* *

Il résulte de ce que nous venons d'exposer, que l'occupation de l'Egypte par l'Angleterre est un danger menaçant pour le monde entier. Les diplomates qui travaillent pour l'évacuation de notre pays ne remplissent pas seulement un devoir qu'imposent la justice et l'honnêteté internationales, mais ils préparent en même temps la paix du monde entier, l'alliance de l'Islam et de la Chrétienté, et, enfin, la gloire de la civilisation occidentale !

AUXERRE. — IMPRIMERIE ALBERT LANIER, 43, RUE DE PARIS

www.ingramcontent.com/pod-product-compliance
Lightning Source LLC
Chambersburg PA
CBHW060641050426
42451CB00012B/2696